Irene Beeli   Margrit Gysin

Hilfe – wir sind eingeschneit

Spielen und Gestalten zu St. Nikolaus

© 2009 by Scola Verlag
An Imprint of Orell Füssli Verlag AG, Zürich
www.ofv.ch

Dieses Werk ist urheberrechtlich geschützt. Dadurch begründete Rechte, insbesondere der Übersetzung, des Nachdrucks, des Vortrags, der Entnahme von Abbildungen und Tabellen, der Funksendung, der Mikroverfilmung oder der Vervielfältigung auf anderen Wegen und der Speicherung in Datenverarbeitungsanlagen, bleiben, auch bei auszugsweiser Verwertung, vorbehalten. Vervielfältigungen des Werkes oder von Teilen des Werkes sind auch im Einzelfall nur in den Grenzen der gesetzlichen Bestimmungen des Urheberrechtsgesetzes in der jeweils geltenden Fassung zulässig. Sie sind grundsätzlich vergütungspflichtig.

Lektorat: Heinrich M. Zweifel
Illustrationen: Irene Beeli
Fotos: Irene Beeli und Gerhard Hauri
Umschlaggestaltung: Irene Beeli

Druck: fgb • freiburger graphische betriebe, Freiburg

ISBN 978-3-908256-39-7

Bibliografische Information der Deutschen Nationalbibliothek:
Die Deutsche Nationalbibliothek verzeichnet diese Publikation in der Deutschen Nationalbibliografie; detaillierte bibliografische Daten sind im Internet über http://dnb.d-nb.de abrufbar.

Inhalt

St. Nikolaus im Wald 6
St. Nikolaus und die Bücher 14
Spiel- und Lernfelder zur Schrift 16
St. Nikolaus füllt die Säcke 19
Die zwei in der Höhle 20
Erzählen, Spielen und Gestalten: Impulse zum Vertiefen der Geschichte 22
Die Lebenswelt von Schmutzli 24
Erzählen, Spielen und Gestalten im Wald 25
Holzbündel wickeln 28
Der Schmutzlitanz 30
Die Schneewerkstatt 30
Warum der Esel in guter Hut ist 34
Fragen zum Märchen 35
Die Überraschung 36
Erzählen, Spielen und Gestalten zum guten Ende 45
Adventsstern und Kerzenleuchter: Eine weihnächtliche Installation
im Schulraum 46

St. Nikolaus im Wald

St. Nikolaus im Wald

Wenn ihr dort durch das Baumtor in den Wald hineingeht, dort, wo viel altes Holz liegt, wo die grosse Buche steht, dort, am untersten Ast des Baumes, glänzt die grosse Glocke von St. Nikolaus. Schmutzli hat sie aufgehängt, damit man sich anmelden kann, auch im Sommer. Ein paar Schritte weiter, wo der Wind das Laub hingeworfen hat, steht der Briefkasten. Da fliegen die Briefe und Zettel ein und aus.
Zieht kräftig am Seil der Glocke. St. Nikolaus schaut dann oben aus der Hütte, er winkt. Schmutzli empfängt euch auf dem Waldplatz bei den alten Buchen. Auf der Feuerstelle kocht Most. Es duftet nach Zimt und Nelken. Schmutzli und St. Nikolaus laden euch ein, mit ihnen den heissen Gewürzsaft zu geniessen. Das macht Bauch und Herz warm für den Aufstieg auf dem Zick-Zack-Weg zur Hütte von St. Nikolaus.
Vor dem Eingang zur Hütte liegt etwas … typisch St. Nikolaus.
St. Nikolaus öffnet die Tür, die immer knarrt, einen Spalt weit.
Und jetzt schaut ihr in die Welt von St. Nikolaus …

LIEBE SANTIKLAAUS

MIR CHÖME MIT EM BUS

Heisser Most
Zwei Liter Süssmost und zwei Zimtstangen auf dem offenen Feuer 20 Min. kochen

UND OBÄCHT DRS SCHMUTZLIMU BI DR WOHNT

St. Nikolaus und die Bücher

Recyclingimpulse mit alten Büchern
St. Nikolaus findet im Sommer beim Aufräumen viele St.-Nikolaus-Bücher, vollgeschrieben mit Alltagsgeschichten von Kindern. Da steht, was sie gut können, was sie noch lernen müssen. Aber diese Bücher sind alt, so alt, dass Streiche, Lustiges und Trauriges von den Grossmüttern und Grossvätern darin aufgeschrieben sind.
St. Nikolaus überlegt, was aus diesen Büchern werden soll.
Er richtet sich am grossen Tisch in der Hütte einen Arbeitsplatz ein. Er stellt weisse Deckfarbe und einen breiten Pinsel bereit. Dann übermalt er die erste Seite eines alten Buches mit weisser Farbe, lässt die Farbe trocknen, übermalt nachher die zweite Seite und so weiter, Seite um Seite. Am Abend freut er sich über sein neues Buch mit weissen Seiten.
Darin will er jetzt bis zum Winter seine Beobachtungen über die Kinder aufzeichnen.
Richtig aufzeichnen will er, wenn ihm die Gedankenflüge mit dem Herbstwind zuflattern.
Er schreibt so seine eigene Kringel- und Schlaufenschrift mit selbstgebrauter Tinte, seine Geheimwörter schreibt er farbig mit Beerensaft, und Zahlenberge kritzelt er mit Kohlenstücken. Nur er allein kann das wieder lesen. Und das ist gut so.

Fragen zum grossen St.-Nikolaus-Buch
Was steht in den Büchern über Grossmutter und Grossvater, als diese noch Kinder waren?
Was schreibt St. Nikolaus heute über die Kinder in sein Buch?
Was ist ein Gedankenflug?

Die Bücherwerkstatt
Wie St. Nikolaus so mit den alten Büchern hantiert, entdeckt er die Welt der Spielbücher, und die will er im Winter den Kindern zeigen, vielleicht auch für die Kinder vorspielen.

Das Buchtheater
Ein altes Buch aufschlagen, mit dünnen Filzstiften auf die bedruckten Seiten zeichnen. Formen und Figuren bemalen. Die Umrisse der Figuren mit einer kleinen Ahle (Stüpferli) teilweise perforieren. Die Figuren der Perforation entlang vorsichtig herauslösen, auf der Buchseite aufrichten.
Vielleicht eine Teigmännergeschichte improvisieren. Spielen mit mehreren Büchern.

Die Theaterbühne
Ein altes Buch mit einem ausgewählten Papier einbinden. Das Buch öffnen und als Theaterbühne aufstellen. Es schneit. Seidenpapier zerreissen und die Schnipsel über den Buchrand blasen. Die Glocke des Esels klingelt. Ein Stück Ton oder Plastilin auf den Buchrand drücken, eine Tanne (Naturmaterial oder Flachfigur aus Karton) einstecken. Eine Landschaft entsteht. Ein Stern geht auf. Der Esel, eine Spielfigur aus dem Bauernhofmaterial (mit Draht oder Stecken zum Spielen hergerichtet), tritt auf die Buchbühne, eine kleine Szene wird gespielt oder ein St.-Nikolaus-Vers wird auf diese Art und Weise umgesetzt.

Das Sammelbuch
Dinge aus einer imaginären St.-Nikolaus-Welt sammeln und selber herstellen.
Z. B. Zeichnungen, ausgeschnittene Bilder, kleine flache Objekte.
Die Kostbarkeiten in ein altes Buch kleben.
Ein Sammelbuch zu einem Lieblingstier gestalten.

Das Geheimnisbuch
Ein altes dünnes Buch öffnen und alle Seiten einzeln gegen die Mitte falten. In die gefalteten Seitenumschläge unscheinbare Kostbarkeiten (Goldfaden, Klebesterne, Vogelfeder, gepresste Blumen oder Blätter, kleine Bilder zu einer Geschichte …) verstecken. Ein Adventsbuch herstellen. Jeden Tag darf ein Kind eine Seite aufdecken. Die kleinen Dinge werden ins Adventsritual eingebaut.

Das Wetterbuch
In ein altes Buch wird täglich mit Filzstift das Wetter gezeichnet: das aktuelle Wetter oder das Wunschwetter.

Der Schmutzli aber, der macht Rinden- und Steinbücher

Spiel- und Lernfelder zur Schrift

Schrift erfinden
Material: Papierstreifen (Kassenrolle), Bleistift oder Filzstift
Auftrag: Eine eigene Kringel- und Schlaufenschrift erfinden
                (fliessend, ohne abzusetzen)
Erweiterung: Das Geschriebene erzählen, vorlesen

Geheimzeichen malen
Material: Blätter, Beeren, Mörser oder zwei flache Steine, Papier, Pinsel
Auftrag: Blätter und Beeren zerquetschen, Geheimzeichen malen, trocknen lassen
Erweiterung: Das Blatt mit dem Geheimzeichen klein zusammenfalten

Zahlenzauber
Material: Papier A5, Kohlestücke, Lappen
Auftrag: Mit Kohlestücken Zahlen zeichnen
Erweiterung: Die Zahlen mit dem Lappen wegwischen, neu darüber zeichnen

Buchstaben perforieren
Material: Kleine Ahle, Unterlagen, Zeichenpapier A6
Auftrag: Mit der Ahle den Anfangsbuchstaben des eigenen Namens perforieren
Erweiterung: Mit geschlossenen Augen die Form erfassen

Den eigenen Namen malen

Material: Angerührte Erdfarbe, Pinsel, Papier A4
Auftrag: Den eigenen Namen vorwärts und rückwärts malen
Erweiterung: Die Buchstaben mit Farbstift verzieren

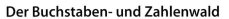

Der Buchstaben- und Zahlenwald

Material: Papier, A6, dünne Filzstifte
Auftrag: Zahlen oder Buchstaben zeichnen, diese in Bäume und Figuren verwandeln
Erweiterung: Aus den verwandelten Zahlen und Buchstaben miteinander einen Wald legen

Alle Zettel mit Zahlen und Buchstaben in ein altes Buch kleben.

St. Nikolaus füllt die Säcke

Aus alten verbrauchten Säcken näht St. Nikolaus verschiedene kleinere Säcke.
Da gibt es die grossen Jutesäcke, die mittelgrossen und die ganz kleinen.
Die grossen Säcke sind für die Schulklassen. St. Nikolaus zählt: 20 Äpfel, 20 Mandarinchen,
20 Lebkuchen und viele verschiedene Nüsse zum Teilen. Manchmal mischt St. Nikolaus ein
paar Karotten, lustige Kartoffeln und einen Knoblauch unter die feinen Sachen.
Was wohl die Kinder denken werden?

St. Nikolaus richtet auch Säcke mit Spielmaterial aus dem Wald: geschälte Stecken, dünne und
dicke, lange und kurze, schön gebündelt, Föhrenzapfen, Schneckenhäuser, Rindenstücke, Steine
aus dem Bach … Wem bringt St. Nikolaus diese Säcke?

Schmutzli und der Esel vergolden Nüsse
Sie brauchen Goldfarbe, Goldpapierchen, manchmal auch richtiges Blattgold, das St. Nikolaus
vor langer Zeit in der alten Stadt Venedig gekauft hat. Schmutzli kennt alle Techniken des
Vergoldens:
Die Goldfarbe mit wenig Weissleim vermischen,
die Baumnüsse bemalen und gut trocknen lassen.

Die Baumnüsse in goldene Alu-Papierchen einwickeln,
das Papier gut andrücken.

Baumnüsse mit Goldspuren
Die Nüsse werden zuerst mit Vergoldermilch an einer ausgewählten Stelle bemalt.
Die Vergoldermilch trocknen lassen.
Das Blattgold mit einem feinen Pinsel auflegen, leicht andrücken,
Goldresten mit einem andern Pinsel abwischen.
(Die Goldresten sammeln, evtl. unter die selber gemachten Schneeflocken mischen.)

Die kleinsten Säcke braucht St. Nikolaus für die vergoldeten Nüsse.
Eine einzige Nuss legt er in jedes Säcklein.
Manchmal versteckt St. Nikolaus in den goldenen Nüssen ein Geheimnis.
In der Goldnuss wohnt das Märchen vom goldenen Schlüssel (Grimm Nr. 200)
In der Goldnuss liegen Samen von Bäumen: Bucheckerchen, Tannensamen …
In der Goldnuss schlafen Wünsche.

Die zwei in der Höhle

Es schneit und schneit, die Raben schreien. St. Nikolaus hat dem Esel die Säcke auf den Schlitten gebunden. Der Esel freut sich. Heute geht er zu den Kindern. Er tänzelt wie die Schneeflocken.
St. Nikolaus ruft: «Los, vorwärts.»
Es schneit und schneit.
St. Nikolaus schreitet mit der Glocke voraus. Der Esel zieht mit dem Schlitten im tief verschneiten Wald eine eigene Spur. Er will nämlich bei den drei grossen Tannen vorbei, wo die Wurzeln kleine Hügel machen; das ist sein Lieblingsplatz. Dort will er ein Kunststück ausprobieren. Er springt mit dem Schlitten hoch über die Wurzeln, «juhui, ich bin ein guter St.-Nikolaus-Esel.» Der Esel bemerkt aber nicht, dass ihm beim Hochspringen ein Sack vom Schlitten rollt und in die Höhle des Dachs fällt.
St. Nikolaus steht schon beim Waldrand, er läutet mit der grossen Glocke und ruft den Esel herbei. Miteinander gehen sie zu den Kindern.
Es schneit und schneit.
In der Dachshöhle aber streiten der Dachs und der eingemietete Fuchs um den heruntergefallenen Sack. «Ich habe diesen Sack gefunden, er kam durchs Wurzelloch runter und gehört mir», sagt der Fuchs. «Aber ich wohne hier, das ist mein Bau, meine Familie wohnt hier schon seit 300 Jahren», antwortet der Dachs. Der Fuchs hält den Sack zwischen den Vorderpfoten und riecht daran, «Mmmh, wie das fein duftet, wer's findet, dem gehört's». «Sicher nicht», sagt der Dachs, «du bist hier nur mein Mieter und bezahlst nicht mal. Alles, was in meinen Bau fällt, gehört mir, verstanden?» «Gut, dann nehme ich den Sack und verreise. Ich fresse alles ganz alleine, dort, bei den kleinen Tännchen. Dann hast du keinen Mieter mehr für die langen Winterabende und keinen Sack, dann kannst du weinen.» Der Dachs wird still und nachdenklich. Und immer, wenn er nachdenkt, beginnt er zu stinken. «Du stinkst», sagt der Fuchs. «Ja», antwortet der Dachs, «ich habe eben eine Idee: Wir teilen.»
Und das machen sie.
Es wird der schönste, längste und unvergesslichste St.-Nikolaus-Abend.
Es schneit und schneit.
Was noch niemand weiss: Seit jenem Abend heisst der Wurzeleingang der Dachshöhle «St.-Nikolaus-Loch».

Erzählen, Spielen und Gestalten:
Impulse zum Vertiefen der Geschichte

Die Lebenswelt der Tiere
Wie lebt der Esel im Winter?
Wie lebt der Fuchs im Winter?
Wie lebt der Dachs im Winter?

Zu den drei Tieren Bildmaterial sammeln, betrachten, erzählen

Tierfelle malen (Beispiel Fuchs)
Material:	Papier A6, verschiedene Malmedien (Bleistift, Farbstift, Neocolor …)
Auftrag:	Annäherung an die Farbigkeit der Tierfelle, eine Auswahl treffen (Fuchs: rote, beige, orange, weisse Farbtöne)
	Ein kleines Stück Fell malen
	In verschiedenen Malschichten die Fellstruktur aufbauen
	Stricheln, tüpfeln, kringeln …
	Wollhaare, kurze Haare, Deckhaare, verklebte Haare, Haarwirbel …
Erweiterung:	Die Fellfragmente sorgfältig ausreissen
	Alle Stücke gemeinsam zu einem Tier legen (später evtl. aufkleben)

Tiere zeichnen (Beispiel Fuchs)
Material:	Verschiedene kleine Zettel, Bleistift oder dünne Filzstifte
Auftrag:	Gemeinsam die wichtigsten Merkmale der Tiere herausschälen
	Kinder und Lehrperson machen miteinander Zeichnungsdiktate
	(Fuchs: spitze Schnauze, spitze Ohren, Hals und Bauch, langer buschiger Schwanz, vier Beine)
	Viele kleine und grosse Füchse zeichnen
Erweiterung:	In Partnerarbeit einen Fuchs zeichnen
	Im Klassenverband Füchse zeichnen
	Alle Kinder zeichnen auf ihren Zettel die Schnauze
	Den Zettel weitergeben, das nächste Kind zeichnet die Ohren
	Zettel weitergeben, usw.
	Die lustigen Füchse betrachten, ausschneiden
	Höhlen zeichnen, wo die Füchse wohnen

Was für feine Sachen befinden sich im Sack?
Wie viele Mandarinchen, wie viele Baumnüsse, wie viele Lebkuchen, usw.?
Wie teilen die Tiere? Wie verhandeln sie bei Unstimmigkeiten?

Die Geschichte nachspielen
Mit improvisierten Figuren (aus Tüchern, Socken oder Kleiderärmeln) spielt die Lehrperson den Kindern die Streitszene vor. Die Kinder können sich in den Streit einmischen, den Streit ausweiten und nach Lösungen suchen.
Die Kinder spielen die Streitszene selber mit Figuren.
Später stellen sie die Geschichte im Rollenspiel dar.

Die Lebenswelt von Schmutzli

Die Lebenswelt von Schmutzli

Schmutzli lebt das ganze Jahr im Freien. Er kennt Wind und Wetter, er freut sich über den Sternenhimmel, er riecht die ersten Schneewolken. Er schläft im Wald unter einer alten Buche in einem Laubbett. Ganz in der Nähe ist die Feuerstelle, wo er bei Sonne und Regen sein Essen kocht. Ein gemütlicher Baumstuhl und ein Strunktisch stehen daneben.

Hinter einer Hecke versteckt befinden sich die Wassertonne und die Badewanne. Ein paar Schritte weiter beim Unterholz hat sich Schmutzli ein WC-Loch gegraben und mit grossen Steinen gut abgedeckt.

Schmutzli arbeitet im Wald. Er sammelt Tannenzapfen, Rindenstücke und Fallholz. Er hat eine Sammlung von wunderlichen Holzformen. Da gibt es Fingerholz, Mondholz, Herzholz, Schlangenholz. Mit knorrigen Ästen baut er Waldschratten.

Schmutzli fällt die kranken Bäume, er sägt sie zu Rundhölzern und spaltet sie dann. Zwischen zwei Bäumen schichtet er hohe Holzbeigen.

Schmutzli sucht aus den Tannenzapfen die Samen heraus, er sät sie in feine Walderde. Er pflegt die kleinen Weihnachtsbäume. Mit Astgabeln baut er eine Hecke um seinen Tännleingarten.

Während der Adventszeit hilft Schmutzli dem St. Nikolaus täglich, er flickt die Säcke, er pflegt den Esel, er richtet das Brennholz. Am Brettertisch bindet er Holzbündel zum Anfeuern. Wenn Kinder kommen, lehrt er sie die Technik des Bündelns, das Schichten und Wickeln.

Manchmal schreibt Schmutzli mit Stecken und Astgabeln für St. Nikolaus ein Geheimnis auf den Waldboden.

Erzählen, Spielen und Gestalten im Wald

Gemeinsam ein Laubbett gestalten. Was träumt Schmutzli in seinem Laubbett?

Wunderliche Holzformen suchen, Dinge hineinsehen, Figurentheater damit spielen.

Astgabeln sammeln. Im Wald eine kleine Hecke errichten.

Mit Stecken Formen legen, Buchstaben, Namen oder ein Geheimwort schreiben.

Mit Stecken Türme bauen.

Samen suchen aus Tannenzapfen, diese mit der Becherlupe betrachten, später an einem geschützten Ort aussäen.

Was kann Schmutzli sonst noch für St. Nikolaus tun?

Holzbündel wickeln

Das Material selber im Wald suchen und ordnen.

Material:	Dürre Stecken, Rindenstücke, Tannenzapfen, Reisig, trockenes Laub, Jutestücke von alten Säcken, Schnüre, Draht, wenig Zimtstängel, Goldfaden
Auftrag:	Ein Rindenstück mit trockenem Laub belegen, Reisigstücke darauf legen, ein kleines Stück Zimtstängel und einen Goldfaden darin verstecken, einige Stecken entzweibrechen und zusammen mit einem Tannenzapfen darauf schichten, mit einem Jutestück zudecken und alles gut umwickeln.
Erweiterung:	Mit den Holzbündeln Formen legen. Einen Adventskranz daraus entstehen lassen.

Der Schmutzlitanz

Wenn es das erste Mal schneit, tanzt Schmutzli vor Freude seinen eigenen uralten Schneetanz. Er beobachtet die Schneeflocken, wie sie lautlos aus den Wolken schweben, wie sie im Wind drehen, wirbeln, wie sie auch «z'underobsi» schneien, verkehrt herum, wie sie leicht auf den Boden segeln und alles weiss verzaubern. Schmutzli erfindet zu seinem Tanz Schneeworte: Es schneielet, es beielet, es flöcklet, es schneit, es schniit, es schnaubt, es flockt, es foggt … Nach seinem Tanz wirft er eine glänzende Münze weit in den neuen Schnee hinein und begrüsst den Winter mit einem Juchzer.

Die Schneewerkstatt
Spiel- und Lernfelder zum Schnee

Schnee malen
Material:	Zeichnungspapier A4 (grau, schwarz, dunkelblau …)
	Deckfarbe weiss, verschiedene Pinsel und Wattestäbchen
Auftrag:	Verschiedene Schneeflocken malen, Schneeflocken erfinden
	Die Schnee-Experimente zusammenfügen, ein Schneebild entsteht
Erweiterung:	Kleine feine Schneeflocken wirbeln auf das Papier
	Grosse «Frau-Holle-Flocken» überdecken das ganze Papier
	Schneetiere, Schneekleider flattern auf das Papier
	Gesichter und Sterne mit Bleistift auf die Schneeflocken zeichnen

Schnee reissen
Material:	Verschiedene weisse Papiere (Seidenpapier, Pauspapier, Makulatur)
	Gefäss für die Flocken
Auftrag:	Flockenähnliche Formen reissen in verschiedenen Grössen
Erweiterung:	Die Flocken fliegen lassen (vom Stuhl, vom Tisch oder von der Leiter)
	Das Fliegen beobachten. Welche Flocken fliegen am besten?
	(Auseinandersetzung mit elementaren physikalischen Gesetzen)
	Die Flocken perfektionieren (kleine Spitzchen drehen, Löcher machen, Spiralen reissen, etc.). Aus den Flocken entstehen Schwebeobjekte

Schnee beobachten
Material:	Vergrösserungsgläser, Lupen, Papier, Bleistift
Auftrag:	Schneeflocken im Freien mit Lupe und Vergrösserungsglas erforschen
Erweiterung:	Schneekristallbuch betrachten
	(z. B. W. A. Bentley und W. J. Humphreys, Snow Crystals, Dover Books, ISBN 0-486-20287-9)
	Mit Bleistift eigene Schneekristalle auf Papier zeichnen

Schneegeschichte erfinden
Material:	Textstelle: Hilfe, wir sind eingeschneit
Auftrag:	Wer könnte dort eingeschneit sein?
	Eine Zeichnung zur Geschichte machen
Erweiterung:	Die Schneeseite kopieren, ein Fenster ausschneiden oder durch Perforieren (mit der kleinen Ahle) herauslösen und die Zeichnung hinterkleben

Der Esel und das gute Ende

UND WIE’S ÄCH TDIM ESEL GOT.

Warum der Esel in guter Hut ist

Es war einmal ein klitzekleines Eselchen, das wollte in die Welt hinaus und sie sich ansehen. Und als seine alte Mutter einmal nicht aufpasste, tapste es auf seinen schwachen kleinen Beinen los. Als Erstes traf es eine alte Hexe. «Dich will ich haben», sagte sie. Aber als sie das Eselchen berührte, verbrannte sie sich.
«Verflixt», kreischte sie, «ich habe keine Macht über dich! Du bist ein Sonntagskind!»
«So wie alle Esel, sagt meine Mutter», antwortete das klitzekleine Eselchen und tapste weiter.
Dann traf es den Teufel. «Dich will ich haben», sagte der Teufel, aber als er nach dem Eselchen grapschte, versengte er sich seine Finger.
«Komm mir nicht zu nahe», schrie der Teufel, «du hast ja ein Kreuz auf dem Rücken!»
«So wie alle Esel, sagt meine Mutter», antwortete das klitzekleine Eselchen und tapste weiter, bis es zu einem Elfentanzplatz kam.
«Verschwinde», zeterten die Elfen. «Wir können nicht auf deinem Rücken reiten. Du kommst hierher, bist gerade sieben Tage alt und zertrampelst unseren Tanzplatz. Hopp, verschwinde, aber schnell!»
So tapste das klitzekleine Eselchen zurück zu seiner Mutter. Die gab ihm einen Stupser, weil es fortgelaufen war, und gab ihm zu trinken.

Deutsche Fassung von Hannelore Milatz (in: Märchen der europäischen Völker – unveröffentlichte Quellen, Bd. 2, im Auftrag der Gesellschaft zur Pflege des Märchengutes der europäischen Völker, hg. v. Karl Schulte Kemminghausen und Georg Hüllen, Münster 1961, S. 140–141)

Fragen zum Märchen

Welche Erfahrungen macht der kleine Esel, als er wegläuft?
Warum geschieht dem kleinen Esel kein Unheil?
Was lernt der kleine Esel bei den Elfen?
Was hat die Eselmutter dem kleinen Esel schon alles über Esel erzählt?
Was macht die Eselmutter, als sie bemerkt, dass der kleine Esel weggelaufen ist?
Was denkt der Esel, als ihm die Mutter einen Stupser gibt?

- Das Märchen erzählen
- Mit Figuren das Märchen spielen
- Das Märchen ins Rollenspiel übertragen
- Das Märchen mit der Welt von St. Nikolaus vernetzen

Die Überraschung

«Nein, kauf diesen Esel nicht», sagen die Leute auf dem Viehmarkt zu St. Nikolaus, «der ist alt, störrisch und seine Ohren sind verklebt.» St. Nikolaus schaut den Esel an, krault ihm das Fell und kauft ihn. Miteinander gehen sie den langen Weg aus dem Dorf heraus, über Felder und Wiesen, dann weit in den Wald hinein, dort, wo das Haus von St. Nikolaus steht.
Schmutzli erwartet die beiden. St. Nikolaus sagt zum Schmutzli: «Bürste den Esel, putze die Hufe, pflege seine verklebten Ohren, gib ihm Heu, Wasser und trockenes Brot, dann führe ihn in seinen Stall.» Als Schmutzli dem Esel sorgfältig mit warmem Wasser und Johannisöl die Ohren wäscht, entdeckt er unter den verkrusteten Stellen feine Goldhaare. Wie die jetzt nach der Pflege glänzen! Der Esel ruft Ii-aa und macht sich im Stall ans Fressen.
Schmutzli erzählt das Goldhaargeheimnis dem St. Nikolaus. Dieser nickt vor sich hin und sagt: «Erziehe den Esel zu einem guten St.-Nikolaus-Esel.»
Der Esel aber, der will keine Säcke tragen. Er bockt, wenn er arbeiten soll. Er schläft den ganzen Tag. Ab und zu hilft er freiwillig beim Vergolden der Nüsse, das ist alles, was er macht. Am Abend tönt sein Schreien jeweils traurig durch den Wald. Schmutzli hat eine schwierige Aufgabe.
Einmal, im Vorwinter, holt Schmutzli spät abends noch Holz für St. Nikolaus, da hört er ein seltsames Geräusch. Er versteckt sich hinter einem Baum in der Nähe des Eselstalls.
Und dann diese Überraschung …
Der Esel galoppiert ganz fröhlich auf der Waldlichtung, holt sich ein paar Mandarinchen aus dem Sack, steigt auf einen Baumstrunk, stellt sich auf die Hinterbeine und jongliert die Mandarinchen in grossem Bogen. Die Goldhaare an den Ohren schimmern. Der Esel verneigt sich. Schmutzli klatscht, geht auf den Esel zu, streichelt ihm über das Fell und flüstert ihm zu: «Bist du ein Zirkusesel? Aha, deshalb willst du keine Säcke tragen!» «Ii-aa», antwortet der Esel. Der Mond schaut durch die Wolken, es ist kalt.
Am andern Tag baut Schmutzli Baumkerzenleuchter, und als es dunkel ist, zündet er alle Kerzen an und verwandelt die Waldlichtung in eine Zirkusarena. St. Nikolaus und alle Tiere sind zur Vorstellung eingeladen. Der Esel tänzelt aus seinem Stall, jongliert, macht Überschläge, springt durch den Feuerreif, verbeugt sich und winkt mit seinen Goldohren.
In der Nacht ziehen Schneewolken auf, es schneit, und am Morgen ist der 6. Dezember. Die Säcke, gefüllt mit feinen Sachen für die Kinder, stehen bereit. Der Esel weint – diese grosse Last soll er jetzt tragen?
Da erscheinen alle Tiere des Waldes, laden sich gegenseitig Säcke auf und helfen dem Esel bei seiner schweren Arbeit.
Ist das ein lustiger Zug quer durch den Winterwald! St. Nikolaus und Schmutzli führen die Tiere an. Beim Waldrand verabschieden sich die Tiere und rufen dem Esel zu: «Machs gut!» Dann verschwinden sie. Nun lädt Schmutzli dem Esel alle Säcke auf den Rücken. Der Esel trippelt und trappelt aufgeregt und flüstert: «He, Schmutzli, das ist ja fast ein Zirkuskunststück, wie ich so meine Säcke balanciere.» «Schön, schön», meint auch St. Nikolaus. Es schneit. Die Ohren des Esels leuchten golden vor Freude, er singt: «Jetzt bin ich ein richtiger St.-Nikolaus-Esel.»

Eseli, Eseli chli und grau
Eseli uf em Haberstrauh
Lauf jetzt gleitig mit em Sack
S' Bärgli uf und s' Bärgli ab
Trapp, trapp, trapp …

Erzählen, Spielen und Gestalten zum guten Ende

Am Baumhaus weiterzeichnen, weitermalen
Die Buchseite kopieren
Das Baumhaus mit dicken und dünnen Ästen vergrössern
Ein wildes Dickicht erfinden
Herbstblätter schweben auf den Boden
Den Esel skizzieren
Das Baumhaus mit eigenen Zeichnungen einrichten
Es schneit

Ein Lied erfinden
Wenn der Esel jongliert, singt er I-A. Wie tönt sein Jonglierlied?
Das Lied mit Steckenrhythmus begleiten

Fragen zur Geschichte
Was macht Schmutzli, wenn der Esel bockt und traurig ist?
Was denken die Tiere, wenn der Esel durch den Feuerreif springt?
Miteinander die Geschichte erweitern, einander erzählen
Wie heisst wohl der Esel?

Kerzenleuchter im Wald gestalten
Material: Knorrige, verzweigte Stecken, Astgabeln, Kerzenstummel, Ton
Auftrag: Die Stecken in den weichen Waldboden einstecken
An geeigneten Stellen mit kleinen Tonklumpen die Kerzen befestigen
In der Dämmerung, wenn es windstill ist, die Kerzen anzünden

Adventsstern und Kerzenleuchter:
Eine weihnächtliche Installation im Schulraum

Mit den während der St.-Nikolaus-Zeit hergestellten Objekten entsteht im täglichen Ritual ein Adventsstern. Täglich wird ein Licht angezündet. Kleine Spielsachen aus dem Fundus, eingebunden in eine Geschichte, ergänzen die Installation auf spielerische Weise.

Aufträge:
- Ausgewählte Stecken mit Silberfaden fragmentarisch umwickeln
- Holzbündel sparsam mit Goldstaub bestreuen
- Kleine Astgabeln in Tonklumpen stellen, auf die stumpfen Astenden mithilfe von Ton eine halbierte Geburtstagskerze stecken

Margrit, du bist für mich der umsichtige St. Nikolaus,
der mit der Poesie spielt, immer wieder
und für alle Kinder anders.

Irene, du bist für mich der kauzige Schmutzli,
der die Kinder zu lustvollem Tun führt
und ihnen Freude schenkt zum selber Machen.

Also, das nächste Jahr wieder,
am gleichen Ort, aber ganz anders.

Du, ich glaube, wir sind eingeschneit …